南傳法句經

真理的語言

「法句」（Dharmapada），是從佛說中錄出的偈頌集。
句句都是佛陀給予我人的格言。
是南國僧伽考試比丘資格的寶典。
是佛教的精髓。

了參法師——翻譯

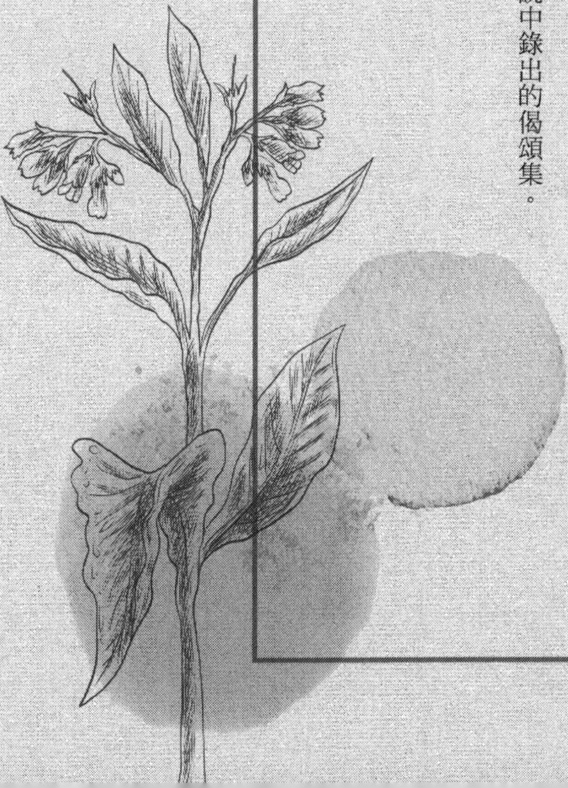

法句序

「法句」（Dharmapada），是從佛說中錄出的偈頌集。《智度論・三三》說：這是「佛弟子抄集要偈」；十二分教中，屬於優陀那（Udana）（參《俱舍論・一》）。宋譯的法句，題作《法集要頌》，即是法優陀那的義譯。

一切有部的傳說：「佛去世後，大德法救（Dharmatrata）輾轉隨聞，隨順纂集，制立品名：謂集無常頌立為無常品，乃至梵志頌立為梵志品」（《婆娑論・一》）；即指法句而說。然依吳支謙（西元二二三〇頃作）的〈法句偈序〉說：「五部沙門，各自鈔采經中四句六句之偈，比次其義，條別為品。……故曰《法句》」。法救為西元前一世紀人，他應該是改編者。從五部沙門的各集法句而說，大抵先有名為法句的偈頌集，等到部派分流，各部又各有增編、改編。但既然都是從佛經中集出，也就不致因再編而損減了價值。

法句，或譯法跡。法，是佛弟子所行與所證的。跡，是形跡，足跡。依足跡去尋求，可以得知所到的地方。引申此義，聚集多「名」，能因此而圓滿的詮表意義，即為句（此如中國所說的「筌蹄」）。釋尊的教說，不外乎「法說、義說」。略集詮法詮義的要偈，即名為「法句」、「義句」。與法句相對的「義句」，見於法藏部的四分律——三九、五四。這與我國舊譯的《義足經》（Arthapada）相合。在其他的學派中，稱為〈義品〉（Arthavarga）。釋尊的時代，億耳（Sona Kotikarna）於佛前誦〈義品〉；古典的

《雜阿含經》說到「誦說法句」這類法義的要集，釋尊住世的時代，已經存在，實是最古的成文佛典。支謙序說：「其在天竺，始進業者，不學法句，謂之越敘。此乃始進者之鴻漸，深入者之奧藏！」意義深長而切要，偈頌又便於讀誦。一直到現在，錫蘭等處還是以法句為初學者入門的書。其實，這不但是「始進者之鴻漸」，還是「深入者之奧藏」呢！

支謙的〈法句偈序〉說：「《法句經》別有數部：有九百偈，或七百偈，及五百偈。」在支謙以前，中國已有法句初譯的七百偈本。如說：「近世葛氏，傳七百偈。」但在我國的譯經史上，已無可考見，維祇難（Vighana）於黃武三年（西元二二四年）到武昌來，支謙從他受《法句偈》，是第二譯的五百偈本。但「譯所不解，則缺不傳，故有脫失」。後來，支謙又從竺將（或作律，或作持）炎，重新校定。竺將炎所傳的，又多了十三品，成為三十九品，七百五十二偈；即是現存的吳譯《法句經》本。這應該與葛氏的七百偈本相近吧！這已是第三譯了。考究起來，維祇難的五百偈本，實與錫蘭（銅鍱部）所傳的法句，大致相當。如現存吳本的三十九品中：

〈無常品．一〉——〈言語品．八〉……錫蘭本缺

〈雙要品．九〉——〈愛欲品．三二〉

〈利養品．三三〉——錫蘭本缺

〈沙門品．三四〉——〈梵志品．三五〉

〈泥洹品．三六〉——〈吉祥品．三九〉……錫蘭本缺

錫蘭傳本，恰好缺十三品（十三品共二五七偈）。維祇難所傳的二十六品，為四百九十五偈，雖與錫蘭本不能盡合（次第是十九

相合的），大體可說一致。至少，這是大陸分別說系（銅鍱部也屬分別說系），如化地或法藏部等所傳，與銅鍱部相近。到西晉惠帝末年（西元三〇五年頃），法炬與法立譯《法句譬喻經》四卷。這是法句的解說——敘事由釋頌義。品目與竺將炎本一致，但僅是一分而已（《法句偈》多依舊譯）。姚秦皇初五年到六年（西元三九八年—三九九年），僧伽跋澄（Samghabhata）與佛念，譯《出曜（出曜即譬喻的意譯）經》三十卷。所解說的法句偈，「集此一千章，立為三十三品」（〈經序〉）。從〈無常品‧第一〉，到〈梵志品‧三十三〉；這是一切有部所傳的法偈集本。宋太宗時（西元九九〇年頃），天息災譯《法集要頌》四卷，與三十三品，近一千章的數目相合；引用秦譯的原頌極多。約法句偈說，這是第四譯、第五譯了。支謙傳說的九百偈本，大抵即指這有部所集本而說，銅鍱部所傳的巴利語本，法舫法師在錫蘭時，曾有一譯稿。可惜不曾精勘整理，他就去世了！最近，由了參法師譯為華文，參考舫師的舊稿，只引用了數頌，其他都從新譯出。這在我國法句偈的譯史中，是第六譯。

記得，三十五年暮春。我與了師在重慶分別，他去錫蘭修學而我回浙江。竟是六個年頭了！今已開始迻譯，這真是值得慶慰的！巴利語的聖典，希望能不斷的譯出來！錫蘭來信，要我寫一篇序。我不會巴利文典，從何談起！所以略述法句的譯史以代序。

我覺得：一切佛法，同源於釋尊的身教語教。在往後的流傳中，或重於句義的集理，或重於微言的發揮；或寧闕勿濫的偏於保守，或適應無方而富於進取；或局而不通，或濫而不純：這才因時因地而成為眾多的學派。現存的一切佛教，一切聖典，都染有部派的色彩。現代的佛教者，應該兼收並蓄。從比較的研考中，了解他的共通性與差別性。從發展演變的過程中，理解教義的進展，停滯或低落。這才能更完整更精確的體解佛意，才更能適應這無常流變的世間。如執一為是。或自稱為原始，或自譽為究竟，自是非他，這於世界佛教的前途，將是一重可怕的陰影！

一切佛法，同源異流，任何學派、文典，都難以絕對的推為一如佛說，而應從比較中去理解。這可舉《法句偈》為例來說明。新譯第一偈：「如輪隨獸足」；舊譯作『車轢於轍』。Pada，可譯為足，所以新譯解說為：如車輪隨於拖車的獸足。但也可譯為跡：「轍」即車跡，所以舊譯都解說為，如車輪的壓於車跡而過。由於釋義不同，傳說的事由也就不同。這是源於同一語文而釋義不同的例子。

新譯第五頌的「從非怨止怨」；舊譯法句，以及《中阿含．長壽王經》，各部廣律，都是「以怨止怨，決不可能」的意思。「從非怨止怨」，「非以怨止怨」，這是本於同一語句，而傳誦不同的一例。

新譯的五八、五九頌，上頌為喻說：如糞穢聚中，能出生清香而可愛的蓮華，舊譯也都是一樣的。下頌是合法：依舊譯，於生死穢惡眾生中。有佛弟子——慧者，從中出離而得道。《出曜經》作於下賤人中，能出生解脫的聖者。據新譯，在盲瞑的凡夫中，佛弟子以智慧光照。這對於從糞穢出生蓮華的化喻，似乎不相合。這在菩薩行者比喻即解說為：蓮華不生於高地，必須生於淤泥卑濕處。惟有不離生死的穢惡世間，才能修行成佛，以慧光覺照眾生。這是同聞異解，因機而差別的一例。

新譯四四頌：「誰征服地界，閻魔界天界？」舊譯作：「孰能擇地，捨鑑（應作監，即監獄）取天？」征服，舊譯為擇，即抉擇；錫蘭的解說為「如實了解」，這是一樣的，罽賓所傳，地為愛欲，錫蘭傳者，以地為自己，以閻魔為四惡趣，以天界為人及六欲天，意義都不明顯，妥貼。原來《阿含經》中，佛不一定說五趣六趣，每以現生人間為本，使人了解何善何惡，不致下墮於地獄，而能上生於天趣。所以，征服地界，即人類如實了解，而能自主的（不為他轉，即征服意）離地獄而生天。地，是大地人類；監——閻魔界是地獄，天即三界諸天。這如下頌所說，惟有（人間的）「有學」（依有部說，頂位或忍位），才能決定的，於來生不墮地獄而生天趣。這豈非文從義順！學派的解說，可能為一是一非的，也可以兩存的，也有應該再為確訓的，這又是一例。

略讀新譯的《法句偈》，使我向來所有的——一切學派、一切聖典，同樣尊仰而決不偏從、自由擇取的信念更加深了。世界三大文系的聖典，在彼此交流以後，佛法必將發揚出更精確、更豐富、更偉大的光芒！

民國四十一年六月印順序於香港

目錄

導讀

錄自《眞理的語言——法句經》 正聞出版社出版

「真理的語言」，是「法句經」（Dhammapada）的異名，即新譯不同的名稱。

法句是譯自梵語 Dharmapada 或巴利語 Dhammapada。Dharma（或 Dhamma）義為法、教法、真理、理法、法則等；Pada 義為足，足跡、句、語等。所以 Dharmapada（Dhammapada）含有三義：一、法之句，即真理的章句，或真理的語言。二、述說佛陀教法的偈句。三、作引伸之義解，即依佛陀所說真理的道跡，可以到達涅槃。

法句的起源，當然根據於佛說，編集成經。但在古代印度佛教，特別是在部派佛教的發展中，《法句經》的異名和異本很多，依佛教學者研究，《法句經》（Dhammapada）最早成立的時期，是在第二結集及其後一段時間，約為公元前三五〇至二七六年。至阿育王（Asoka）派遣傳教師時，約公元前二五五年，這時所傳成立的《法句經》，內容多少已有些變動，這從南、北兩傳的《法句經》稍異可以考察出來，而引用同自一源。到佛教流布地區越廣，部派分裂越多，《法句經》編集的異名和異本，也就更多起來了。

支謙的〈法句經序〉（公元二三〇年頃作）說：「曇鉢（Dharmapada）偈者，眾經之要義，曇之言法，鉢者句也。而《法句經》別有數部，有九百偈，或七百偈，及五百偈。偈（Gāthā音讀為伽陁）者結語，猶詩頌也……後五部沙門各自鈔眾經中四句六句之偈，比次其義，條別為品，於十二部經，靡不斟酌，無所適名，故曰《法句》。（略）其在天竺始進業者，不學法句，謂之越敘，此乃始進業之洪漸，深入者之奧藏也。可以啟矇辯惑誘人自立，學之功微而所苞者廣，可謂妙要也。」（大正藏四566頁）

現存南傳佛教（傳入錫蘭、緬甸、泰國等地的佛教）的巴利語《法句經》（Pali "Dhammapada"）（經藏五部中的小部的第二經），全經共二十六章，四二三偈。佛教傳入錫蘭，是在阿育王派遣傳教師時開始，但初時三藏都為強記口誦，至毘多伽摩尼王（Vattagāmaṇi）治世時，才用文字記載於貝葉上，所以巴利語《法句經》正式成立的時間，約在公元前二九至一七年，且屬上座部中分別說系的大寺派所傳。

我國藏經中存有四種翻譯：

一、《法句經》二卷，維祇難等譯（黃武三年或四年 224-225 A.D.），三十九品七五八偈。

二、《法句譬喻經》四卷，西晉法炬共法立譯（290-306 A.D.），三十九品二八四偈。

三、《出曜經》三十卷，僧伽跋澄共竺佛念譯（398-399 A.D.），三十四品九三四偈。

四、《法集要頌經》四卷，宋天息災譯（980-1000 A.D.），三十三品九三三偈。

上四種漢譯中，《法句經》三十九品，如除去其中追加的十三品（二五七偈），基本上為五百偈本，二十六品，品次和內容很近巴利語《法句經》。關於追加的十三品，支謙的《法句經．序》說得很明白：「復得十三品，並校往古，有所增定。」因為在維祇難等譯《法句經》之前，曾有「近葛氏傳七百偈」本（已早佚）。五百偈本（二十六品本）及七百偈本（五百偈本加十三品中的前十品），推定約成立於公元前一七一年至公元一世紀初，都屬有部系。《法句譬喻經》，附加譬喻因緣故事長行文，類如巴利語「法句經註」（Dhammapadattha katha）一樣性質。但偈頌部分，是採用維祇難等譯的《法句經》。《出曜經》及《法集要頌經》是九百偈本，以及與西藏譯的〈自說品〉（Tibetan "Udanavarga"）及古典梵文的〈自說品〉的斷片（Classical Sanskrit "Udanavarga"斷片），都是源自梵文〈自說品〉（Udanavarga）三十三品九百偈本，約成立於公元一世紀初頃，為大德法救撰，屬說一切有部的系統。《出曜經》亦加譬喻因緣故事，但與《法句譬喻經》組織不同。《法集要頌經》純然是偈頌。

大眾部系亦有《法句經》的編集。在大眾部系說出世部所屬的「大事」（Mahavastu）中，曾集有《法句經》的千品（Sahasravarga）。大事的編成約於公元前二至一世紀，同屬大眾部系。又有Prākrit語（印度古代及中世時，中部及北部的方言）《法句經》（Prakrit Dhammapada，即指karosthi Dhp.斷片一二五偈。及Gāndhāri Dhp.斷片三四四偈完本），公元二世紀初葉至中葉成立。

上面是就《法句經》發展成立史簡要的說明。但現在各種留存的法句經，流傳最廣的獨有巴利語《法句經》，這當然是有原因的。

佛教創立於公元前五、六世紀的印度，其後經發揚光大達一千五、六百年，三藏聖典等結集，都用梵文（Sanskrit）及俗語的巴利文（Pali）。至公元十二、三世紀，佛教在印度受到回教和印度教的壓迫而趨於滅亡，佛教所有的經典文物也受到徹底的毀壞。巴利語聖典幸早流傳錫蘭；而更多的各種梵文聖典幾全絕滅，近代發現出來的非常少。

巴利語《法句經》在南傳佛教中，古今一直都為廣大的佛教徒所愛讀誦，句句都是佛陀啟示給我們的格言、佛教精髓、智慧的花束、文字的珠玉，為佛教倫理道德的寶典，修學佛道的入門書。因為巴利語《法句經》原典的流傳，且經近代學者比較研究，這部聖典雖在錫蘭毘多伽摩尼王時才用文字記載成立，但其中偈文的古型和內容意義的保存，可追溯最早元本的法句經，至少也非常接近。

反觀梵文《法句經》的原典，不管早期的和後期的，都已很早佚傳；或有發現的，也只是斷片，殘缺不全。雖然早經有數種翻譯成中文和藏文，但在中國和西藏一向偏重於發揚大乘經論，這幾部翻譯的聖典很少受到重視。

在十九世紀中期，西方一些學者經接觸和研究東方文化以後，佛教梵文和巴利文佛典、漢譯佛典、藏譯佛典等，都極受到他們的注意、介紹、翻譯。丹麥哥本哈根大學福斯包爾教授（Prof. V. Fausboll, 1821-1908）是一位著名的巴利語學者，他曾首先將巴利語《法句經》譯成拉丁文，一八五五年出版。又將《本生經》予以編集，共六本。兩書對歐洲學者研究佛教影響極大。德國梵文著名學者馬克斯米勒（Max Muller, 1823-1900），被譽為「西方印度學之父」，後擔任牛津大學教席，並主編《東方聖書》（Sacred Books of the East），計四十九冊。他曾譯巴利《法句經》（收在SBE Vol. 10, Part 1, 1881），梵文《無量壽經》、《金剛經》為英文；及其他學者所譯的大小乘經論，收集在聖書中。巴利語原典（羅馬拼音），亦於一九一四年由倫敦巴利聖典協會（Pali Text Society, London）出版。至今在西方已有多種文字的翻譯，以及不同的譯本、專著、論文等，約一百十種以上（依日本"Shinsho Hinayama Bibliography on Buddhism", The Hokuseido Press Tokyo, 1961統計）。

一九五三年，我國了參法師亦有《法句經》譯本流通。日文更有多種譯本和專著；其中研究最有成績和代表性的，是丹生實憲著的《法句經的對照研究》，子題是「法句經的發展成立史研究」，對古代流傳下來的 Pali Dhammapada、漢譯諸本、藏譯、梵文 Udanavarga斷片，Prakrit Dhammapada等，以及近代學者的各種論著，作了全盤的對照研究，審慎考訂異同，成書一巨冊，九百餘頁，一九六八年出版。著者耗三十年研究，頗受日本學術界所推崇。

我們從事實所見及近代佛教文獻所知，《法句經》的流傳，除了南傳佛教各國外，在西方美、加、英、德、法等先進國家，《法句經》的各種譯本也一樣早成為一本社會流行的通俗佛書，凡較大的書店都有一些佛書銷售。我國一般信佛的人，當然沒有很多時間或具有佛學的基本知識去研讀大藏經，但卻很需要一般義理淺明而精要的佛書。

凡例

◎本書句句都是佛陀給與我人的格言。是南國僧伽考試比丘資格的寶典。是佛教的精髓，所以先把它譯出，以供有心於佛教者的研究。

◎本譯本所根據的巴利原文：一、以倫敦巴利聖典出版協會（Pali Text Society）的羅馬字體本為主；二、以錫蘭字體版本為參考。

◎翻譯本書時，以錫蘭出版的 Narada 的《法句》英譯本及美國哈佛大學出版的 C.R.Lanman 教授的《法句譬喻》英譯本，並日本出版的福島直四郎的《法句經》日譯本為對照。

◎本書的註釋，大部分是根據巴利文註解與錫蘭文註解及參考英譯本註釋。

◎為便於學者可與巴利文對讀之故，本書仍以直譯為主。

◎為力求符合原文之意，本書的頌文翻譯完全不拘限於字數及句數。所以五言，六言，七言的句子和一頌四句，六句，八句的都有。

◎頌文中圓括弧（）內的字，都是譯者根據註解及文意加入的。

◎圓圈內的①②③號碼，是每品註釋的符號。

◎為幫助讀者的了解，本書都加以新式標點。

雙品①
YAMAKA-VAGGO

◎諸法[2]意先導，意主意造作。若以染污意，或語或行業，
是則苦隨彼，如輪隨獸足[3]。

◎諸法意先導，意主意造作。若以清淨意，或語或行業，
是則樂隨彼，如影不離形。

◎「彼罵我打我，敗我劫奪我」，若人懷此念，怨恨不能息。

◎「彼罵我打我，敗我劫奪我」，若人捨此念，怨恨自平息。

◎在於世界中，從非怨止怨，唯以忍止怨；此古（聖常）法[4]。

◎彼人⑤不了悟：「我等將毀滅」⑥。若彼等如此，則諍論自息。

◎唯求住淨樂⑦，不攝護諸根，飲食不知量，懈惰不精進，彼實為魔⑧服，如風吹弱樹。

◎願求非樂⑨住，善攝護諸根，飲食知節量，具信又精進，魔不能勝彼，如風吹石山。

◎若人穿袈裟，不離諸垢穢⑩，無誠實克己，不應著袈裟。

◎若人離諸垢，能善持戒律，克己與誠實，彼應著袈裟。

◎非真[11]思真實，真實[12]見非真，邪思惟境界，彼不達真實。

◎真實思真實，非真知非真，正思惟境界，彼能達真實。

◎如蓋屋不密，必為雨漏浸，如是不修心，貪欲必漏入。

◎如善密蓋屋，不為雨漏浸，如是善修心，貪欲不漏入。

◎現世此處悲，死後他處悲，作諸惡業者，兩處俱憂悲，
見自惡業已，他悲他苦惱。

◎現世此處樂，死後他處樂，作諸善業者，兩處俱受樂，

見自善業已，他樂他極樂。

◎現世此處苦，死後他處苦，作諸惡業者，兩處俱受苦，（現）悲「我作惡」，墮惡趣更苦[13]。

◎現世此處喜，死後他處喜，修諸福業者，兩處俱歡喜，（現）喜「我修福」，生善趣更喜。

◎雖多誦經集[14]，放逸而不行，如牧數他牛[15]，自無沙門分。

◎雖誦經典少，能依教實行，具足正知識，除滅貪瞋癡，善淨解脫心，棄捨於世欲，此界或他界，彼得沙門分。

雙品第一章 Yamakavaggo Pathamo

註① 舊譯雙要品。

註② 「法」即「達摩」（Dhamma）。這裡第一頌爲不善法。第二頌爲善法。

註③ 原文 Cakkam va Vahato padam 應譯爲「如車輪隨於拖車之獸足」。

註④ 原文 Sanantana 爲古代之意。古法（Sanantana Dhamma 或 Poranako Dhamma）即指一切諸佛與諸佛弟子所共同遵守的永久不易之法。

註⑤ 「彼人」指諍論的人。因此經乃世尊在祇陀林中針對俱生皮（Kosambi）的諍論比丘而說。

註⑥ 原文 Mayam ettha yamamase，直譯應作「我等將滅亡於此（諍論）中」。即爲此諍論所困而走上毀滅之途。

註⑦ 見色身以爲淨而好樂之。

註⑧「魔羅」（Mara），這裡指情欲。

註⑨「非樂」（Asubha）指不淨觀，如觀三十二不淨身等。

註⑩貪欲等。

註⑪如四種資具及十種邪見等。

註⑫如戒定慧及正見等。

註⑬由於他作了種種惡業而引起的現世悲哀稱爲「悲我作惡」；然而這種悲哀尚屬有限，將來墮在惡趣中受報的時候，其苦無窮。

註⑭巴利Sahita或Samhita有集合、合理、感化等多義，這裡是佛陀所說三藏的名稱。

註⑮替別人放牛的人，早上把牛放出，晚上數過了牛的數目交還牛主，換取一天的工資而已。如果他希望去吃從牛所出的乳、酪、生酥、熟酥、醍糊等五味則不可得。

不放逸品
APPĀMADAVAGGO

◎無逸不死①道，放逸趣死路。無逸者不死，放逸者如尸②。

◎智者深知此③，所行不放逸。不放逸得樂，喜悅於聖境④。

◎智者常堅忍，勇猛修禪定。解脫⑤得安隱，證無上涅槃。

◎奮勉常正念，淨行能克己，如法而生活，無逸善名增。

◎奮勉不放逸，克己自調御，智者自作洲⑥，不為洪水⑦沒。

◎暗鈍愚癡人，耽溺於放逸，智者不放逸，如富人護寶。

◎莫耽溺放逸。莫嗜愛欲樂。警覺修定者，始得大安樂。

◎智者以無逸，除逸則無憂，聖賢登慧閣，觀愚者多憂，如登於高山，俯視地上物。

◎放逸中無逸，如眾睡獨醒。智者如駿馳，駑駘所不及。

◎摩伽⑧以無逸，得為諸天主。無逸人所讚，放逸為人訶。

◎樂不放逸比丘，或者懼見放逸，猶如猛火炎炎，燒去大結、小結⑨。

◎樂不放逸比丘，或者懼見放逸，彼已鄰近涅槃，必定不易墮落。

不放逸品第二竟　Appamadavaggo Dutiyo

註①　不死（Amata），又作甘露，涅槃（Nibbana）。

註②　因不放逸的人證得涅槃境界，便不會再有生死輪迴的繼續。放逸的人如死屍一樣，不知向好的方面去努力。

註③　此頌接續前頌而來。「此」即不要放逸而住於不放逸。

註④　佛，辟支佛及阿羅漢的境界。

註⑤　證得涅槃必須解除四種軛——欲軛（Kamayogo），有軛（Bhavayogo），見軛（Ditthiyogo），無明軛（Avijjayogo）。

註⑥　猶如較高的陸地，可以作避免水災的安全處。智者自己證得阿羅漢果，即不爲煩惱所擾。

註⑦ 是貪瞋癡等煩惱。

註⑧ 「摩伽」（Maghava）是帝釋（Sakka）的別名。他未成帝釋之前在人間的名字叫摩伽。因他勤於掃地，以此功德，得爲諸天之主。

註⑨ 「結」（Samyojana 或 Sannojana）在佛教的特殊意義是指煩惱（Kilesa）。

心品
CITTAVAGGO

◎輕動變易心，難護難制服。智者調直之，如匠搦箭直。

◎如魚離水棲，投於陸地上，以此戰慄心，擺脫魔境界。

◎此心隨欲轉，輕躁難捉摸。善哉心調伏，心調得安樂。

◎此心隨欲轉，微妙極難見。智者防護心，心護得安樂。

◎遠行與獨行，無形隱深窟①。誰能調伏心，解脫魔羅縛。

◎心若不安定，又不了正法，信心不堅者，智慧不成就。

◎若得無漏[2]心，亦無諸惑亂，超越善與惡[3]，覺者無恐怖。

◎知身如陶器[4]，住心似城廓，慧劍擊魔羅，守勝[5]莫染著[6]。

◎此身實不久，當睡於地下，被棄[7]無意識，無用如木屑[8]。

◎仇敵害仇敵，怨家對怨家[9]，若心向邪行[10]，惡業最為大。

◎（善）非父母作，亦非他眷屬，若心向正行[11]，善業最為大。

心品第三竟 Cittavaggo Tatiyo

註① 這兩句都是形容心的。

註② 不漏落於貪欲。

註③ 證得阿羅漢果以後，便不作新業，無論善業惡業都是超越了的。

註④ 易碎的。

註⑤ 「勝」利的果實是指進步的禪觀境界。

註⑥ 不要染著於某種禪定境界，必須更求精進，努力向上。

註⑦ 將被丢在一邊。

註⑧ 在南方佛教國中，佛弟子將死時，例請僧作最後供養。僧人即爲誦此偈三遍。

註⑨ 惡害。

註⑩ 使她心趨向於十種惡（Akusala）——殺生（Pāṇātipāta），偷盜（Adinnādāna），邪淫（Kāmesu micchācāra），妄語（Musavad），兩舌（Pisuṇāvācā），粗惡語（Pharusa vācā），綺語（Samphappalāpa），慳貪

（Abhijjhā），瞋恚（Vyāpādo），邪見（Micchādiṭṭhi）。

註⑪ 使他的心趨向於十種善（Kusala）——布施（Dāna），持戒（Sila），修禪定（Bhāvana），尊敬（Apacāyana），作事（Veyyāvacca），回向功德（Sāmpattidāna），隨喜功德（Pattanumodana），聽法（Dhammasavana），說法（Dhammadesana），正直見（Ditthujjukamma）。

華品
PUPPHAVAGGO ①

◎誰征服地界[2]，閻魔界[3]天界[4]，誰善說法句[5]，如巧匠[6]採花？

◎有學[7]克地界，閻魔界天界。有學說法句，如巧匠採花[8]。

◎知此身如泡，覺悟是幻法[9]，折魔羅花箭[10]，越死王所見。

◎採集諸花[11]已，其人心愛著，死神捉將去，如瀑流睡村[12]。

◎採集諸花已，其人心愛著，貪欲無厭足，實為死魔伏。

◎牟尼[13]入村落，譬如蜂採華，不壞色與香，但取其蜜去。

◎不觀他人過，不觀作不作[14]，但觀自身行，作也與未作。

◎猶如鮮妙花，色美而無香，如是說善語，彼不行無果。

◎猶如鮮妙花，色美而芳香，如是說善語，彼實行有果。

◎如從諸花聚，得造眾花鬘，如是生為人，當作諸善事。

◎花香不逆風，栴檀多伽羅，末利[15]香亦爾。
德香逆風薰，彼正人之香，遍聞於諸方。

◎栴檀多伽羅，拔悉基[16]青蓮，如是諸香中，戒香為最上。

◎栴檀多伽羅，此等香甚微。持戒者最上，香薰諸天間。

◎成就諸戒行，住於不放逸，正智解脫者，魔不知所趣。

◎猶如糞穢聚，棄著於大道，蓮華生其中，香潔而悅意。

◎如是糞穢等，盲昧凡夫中，正覺者弟子，以智慧光照⑰。

華品第四竟 Pupphavaggo Catuttho

註① 吳譯華香品。

註② 「征服」（Vijessati），據巴利原註爲「如實了解」。緬甸本作 Vicessatī，則應譯爲「擇覓」或「探究」。「地界」（Paṭhavi）爲自己或自身

（Attabhava）。錫蘭 Narada 所譯的 Dhammapada 第八頁英文原註③：「This is one who will understand this self asit really is」，即如實了解自己之意。

註③ 「閻魔界」（Yamaloka），原註包括地獄、餓鬼，畜生及阿修羅（Asura）四界（Catubbhidham apayalokan ca）。Narada 的英文原註④：「The four woeful states vaz: hell（地獄）Animalkingdom（畜生）Petarealm（餓鬼）and the Asurarealm（阿修羅）」。

註④ 「天界」（Sadevakam），原註包括欲界六天及人界（Imaṁ sadevakaṁ itmanussalokañ ca），Narada 的英文原註：「Namely the world of human beings and the six celestial realms」。
印順法師對這兩句有不同的解說。見序。

註⑤ 「法句」（Dhammapada），即法跡，乃向法入法的軌轍，如三十七道品

（Bodhipakkhikadhamma）等。

註⑥ 「巧匠」乃鬘師，即貫華爲鬘者。善説法句，次第不亂，如貫華者，故以爲喻。

註⑦ 「有學」（Sekha）即初果須陀洹（Sotapattiphala），二果斯陀含（Sakadagamiphala），三果阿那含（Anagami phala）及初果向、二果向、三果向、四果向的賢人。因他們都依然有戒定慧可學故。直至證得四果阿羅漢（Arahatta phala）才稱爲無學（Asekha）。

註⑧ 前頌是問，此頌是答。

註⑨ 喻此身不能久住。

註⑩ 欲境的誘惑。

註⑪ 欲樂。

註⑫ 深夜裡熟睡於村落中的人，被瀑流洗去而不知。

註⑬「牟尼」（Muni）有寂默者、仁者、智者、聖者等意。這裡是指乞食的沙門。

註⑭此句原文 Na paresam katākataṁ 直譯爲「不觀他人作不作」。

註⑮「栴檀那」（Candana）「多伽羅」（Tagara）是二種香木之名。「末利迦」（Mallika）是一種小小的香花，其樹叢生如籐。

註⑯「跋悉基」（Vassiki）意爲「雨季花」。

註⑰這二頌是連貫的，前頌是譬喻，後頌是合法。

愚品
BALAVAGGO

◎不眠者夜長，倦者由旬[1]長，不明達正法——愚者輪迴[2]長。

◎不得勝我者為友，與我相等者亦無，寧可堅決獨行居，不與愚人作伴侶。

◎「此我子我財」，愚人常為憂。我且無有我，何有子與財？

◎愚者（自）知愚，彼即是智人。愚人（自）謂智，實稱（真）愚夫。

◎愚者雖終身，親近於智人，彼不了達摩，如匙嘗湯味。

◎慧者須臾頃，親近於智人，能速解達摩，如舌嘗湯味。

◎愚人不覺知，與自仇敵行，造作諸惡業，受定眾苦果。

◎彼作不善業，作已生後悔，哭泣淚滿面，應得受異熟[3]。

◎若彼作善業，作已不追悔，歡喜而愉悅，應得受異熟[4]。

◎惡業未成熟，愚人思如蜜；惡業成熟時，愚人必受苦。

◎愚者月復月，雖僅取（少）食——以孤沙草端[5]；（彼所得功德），不及思法者[6]，十六分之一。

◎猶如搆牛乳，醍醐非速成[7]。愚人造惡業，不即感惡果，
業力隨其後，如死灰覆火。

◎愚夫求知識，反而趨滅亡，損害其幸福，破碎其頭首[8]。

◎（愚人）騖虛名：僧中作上座，僧院為院主，他人求供養。

◎「僧與俗共知——此事由我作，事無論大小，皆由我作主」，
愚人作此想，貪與慢增長。

◎一（道）引世利，一（道）向涅槃。佛弟子比丘，當如是了知，
莫貪著世利，專注於遠離。

愚品第五竟 Balavaggo Pancamo

註① 「由旬」（Yojana）路程距離的單位。

註② 「輪迴」（Samsāra）生死流轉不停的意思。

註③ 「異熟」（Vipāka）是指將來的善惡果報。這裡是惡果。

註④ 是未來的善果。

註⑤ 「孤沙」（Kusa）是香草名。原文Kusaggena是用孤沙草的尖端（取食）的意思。

註⑥ 「思法者」（Sankhata-Dhammānam）是深入正法的人。依註解說：是覺悟四諦（苦、集、滅、道）的人。

註⑦ 以牛乳作醍醐，須經一日一夜才能凝結。

註⑧ 「頭首」指他的智慧。

智者品①
PANDITAVAGGO

◎若見彼智者——能指示過失，並能譴責者，當與彼為友；猶如知識者，能指示寶藏。與彼智人友，定善而無惡。

◎訓誡與教示，阻（他人）過惡。善人愛此人，但為惡人憎②。

◎莫與惡友交，莫友卑鄙者。應與善友交，應友高尚士③。

◎得飲法（水）者，心清而安樂。智者常喜悅，聖者④所說法。

◎灌溉者引水，箭匠之矯箭，木匠之繩木，智者自調御⑤。

◎猶如堅固巖，不為風所搖，毀謗與讚譽，智者不為動。

◎亦如一深池，清明而澄淨，智者聞法已，如是心清淨。

◎善人離諸（欲），不論諸欲事。苦樂所不動，智者無喜憂。

◎不因自因他，（智者作諸惡），不求子求財、及謀國（作惡）。不欲以非法，求自己繁榮。彼實具戒行，智慧正法者。

◎於此人群中，達彼岸⑥者少。其餘諸人等，徘徊於此岸⑦。

◎善能說法者，及依正法行，彼能達彼岸，度難度魔境。

◎應捨棄黑法，智者修白法，從家來無家，喜獨處不易。

◎⑩當求是（法）樂。捨欲無所有⑪，智者須清淨，自心諸垢穢。

◎彼於諸覺支⑫，正心而修習。遠離諸固執⑬，樂捨諸愛著，漏盡⑭而光耀，此世證涅槃。

智者品第六竟 Panditavaggo Chattho

註① 日文譯作「賢品」。

註② 據故事中說：佛陀叫二位上首弟子驅逐那些邪惡者，訓誡教示那些可能服從的人，勸阻他的過惡。可是去訓示的人，卻會被邪惡者所憎恨。

註③ 無身語意之惡而從事於濟度一切眾生者。

註④　諸佛及諸阿羅漢。

註⑤　克制自己的五根（眼耳鼻舌身）。

註⑥　離生死之涅槃。

註⑦　生死界。

註⑧　生死界。

註⑨　「黑法」是惡業，「白法」是善業。「無家」是出家。

註⑩　此頌與前頌之意是連貫的。

註⑪　涅槃。

註⑫　「覺支」（Sambodhiyaṅgaṁ）是「七菩提分」或名「七覺支」。即：念覺支（Satisambojjhango），擇法覺支（Dhammavicayasambojjhango），精進覺支（Viriyasambojjhango），喜覺支（Pitisambojjhango），輕安覺支（Passadhisambojjhango），定覺支（Samadhisambojjhango），捨覺支

（Upekhasambojjhango）。

註⑬ 證涅槃而解脫。

註⑭ 原文 Khinasava 譯爲「滅盡諸漏」或「諸漏已盡」。即滅盡一切煩惱之意。

阿羅漢品①
ARAHANTAVAGGO

◎路行盡②無憂，於一切解脫，斷一切繫縛③，無有苦惱者。

◎正念奮勇者，彼不樂在家。如鵝離池去，彼等棄水家④。

◎彼等無積聚⑤，於食如實知⑥，空無相解脫⑦——是彼所行境，如鳥遊虛空，蹤跡不可得。

◎彼等諸漏⑧盡，亦不貪飲食，空無相解脫——是彼所行境，如鳥遊虛空，蹤跡不可得。

◎彼諸根寂靜，如御者調馬，離我慢無漏，為天人所慕。

◎彼已無憤恨⑨，猶如於大地，彼虔誠堅固，如因陀揭羅⑩，
如無污泥池，是人無輪迴。

◎彼人心寂靜，語與業寂靜，正智而解脫，如是得安穩。

◎無信⑪知無為，斷繫⑫因永謝⑬，棄捨於貪欲，真實無上士。

◎於村落林間，平地或丘陵⑭，何處有羅漢，彼地即可慶。

◎林野甚可樂；世人所不樂，彼喜離欲樂，不求諸欲樂。

阿羅漢品第七竟 Arahantavaggo Sattamo

註① 「阿羅漢」（Arahant）是斷盡一切煩惱，證得涅槃，不會再有生死的聖人。

註② 有爲的路業已行盡，即所謂：「諸漏已盡，所作已辦，梵行已立」。

註③ 「繫縛」（Gantha）有四：貪（Abhijjha），瞋（Vyapada），戒禁取（Silabbhatapara-Masa），見取（Idan saccabhinivesa）。

註④ 如鵝離池而去，則不想這是我的池、水和草等；阿羅漢離家而去，則不著其家與財物等。

註⑤ 沒有業力的活動了。

註⑥ 如實了知僅爲維持生命及正念故飲食。

註⑦ 證得涅槃名爲解脫（Vimokkha）。又名爲空（Suññatā），因爲已無貪瞋癡等煩惱故。又名爲無相（animitta），因從貪欲等相已得自由無著故。

註⑧「漏」有四種——欲漏（Kāmāsava），有漏（Bhavāsava），見漏（Diṭṭhāsava），無明漏（Avijjāsava）。

註⑨原文No virujjhati，各英譯本不同，有譯作無煩惱，無障礙，無憤恨的，日譯本則作忍辱。今依註釋譯作「無憤恨」。

註⑩「因陀揭羅」（Indakhila）各譯本多作「門限」，謂大門中間安一堅固的石頭，作爲閉門時安放門橛之用的。又一說inda + khila梵文爲indrakila，即因陀羅（帝釋）的柱子——那是在進城的地方所安立一大而堅固的柱子，象徵因陀羅（印度的守護神）之所在的。當即古譯的「堅固幢」或「帝釋七幢」。又古譯作「臺座」。

註⑪「無信」（Assaddho）或譯爲「不信」，這是說聖者有自證知，悟不由他之意。

註⑫ 生死輪迴。

註⑬ 更無善業和惡業了。

註⑭ 原文Ninna是低處，Thala是高處。

千品
SAHASSAVAGGO

◎雖誦一千言，若無義理者，不如一義語，聞已得寂靜。

◎雖誦千句偈，若無義理者，不如一句偈，聞已得寂靜。

◎彼誦百句偈，若無義理者，不如一法句[1]，聞已得寂靜。

◎彼於戰場上，雖勝百萬人；未若克己者，戰士之最上！

◎[2]能克制自己，過於勝他人。若有克己者，常行自節制。

◎天神乾闥婆[3]，魔王[4]並梵天[5]，皆遭於敗北，不能勝彼人。

◎月月投千（金）[6]——供犧牲[7]百年，不如須臾間，
供養修己者，彼如是供養，勝祭祀百年。

◎若人一百年——事火於林中，不如須臾間，供養修己者，
彼如是供養，勝祭祀百年。

◎若人於世間，施捨或供養[8]，求福一週年，如是諸功德，
不及四分一，禮敬正直者[9]。

◎好樂敬禮者，常尊於長老[10]，四法得增長：壽美樂與力[11]。

◎若人壽百歲——破戒無三昧，不如生一日——持戒修禪定。

◎若人壽百歲——無慧無三昧，不如生一日——具慧修禪定。

◎若人壽百歲——怠惰不精進，不如生一日——勵力行精進。

◎若人壽百歲——不見生滅法[12]，不如生一日——得見生滅法。

◎若人壽百歲——不見不死道，不如生一日——得見不死道。

◎若人壽百歲——不見最上法，不如生一日——得見最上法。

千品第八竟 Sahassavaggo Atthamo

註① 據錫蘭版本，此字爲Dhammapada故譯爲「法句」，但巴利聖典出版協會本作Gathapada則應譯爲「一句偈」。

註② 下二頌是連貫的。

註③ 「乾闥婆」（Gandhadha）是天界一種樂神的名字。

註④ 這裡的魔王是一天神之名。

註⑤ 梵天即婆羅門天（Brahma）。

註⑥ 原文Sahassena譯作「以一千」，依註解爲一千錢。

註⑦ 用以祭神。

註⑧ 原文Yittham va Hutaṁ va二字，原有供犧牲及祭祀與供養等義，和前頌的祭祀是同一個字，故日譯本及英譯本亦多譯作「供犧或祭祀」。但註解說：Yittham是在節期盛會的施捨；Hutam是預備供給過客或爲一種作業與果報的信仰而行供養。今譯依註解意。

註⑨ 指四果的聖人。

註⑩ 年長而有德者。

註⑪ 南國諸僧侶受人禮敬時常念此頌。

註⑫ 五蘊生滅，即一切因緣和合法都不是常住的。

惡品
PAPAVAGGO

◎應急速作善，制止罪惡心。怠慢作善者，心則喜於惡。

◎若人作惡已，不可數數作；莫喜於作惡；積惡則受苦。

◎若人作善已，應復數數作；當喜於作善；積善則受樂。

◎惡業未成熟，惡者以為樂。惡業成熟時，惡者方見惡。

◎善業未成熟，善人以為苦。善業成熟時，善人始見善。

◎莫輕於小[1]惡！謂「我不招報」，須知滴水落，亦可滿水瓶，愚夫盈其惡，少許少許積。

◎莫輕於小善！謂「我不招報」，須知滴水落，亦可滿水瓶，智者完其善，少許少許積。

◎商人避險道，伴少而貨多；愛生避毒品，避惡當亦爾。

◎假若無有瘡傷手，可以其手持毒藥。毒不能患無傷手，不作惡者便無惡。

◎若犯無邪者，清淨無染者，罪惡向愚人，如逆風揚塵。

◎有人生於（母）胎中，作惡者則（墮）地獄，正直之人昇天界，漏盡者證入涅槃。

◎非於虛空及海中，亦非入深山洞窟，
欲求逃遁惡業者，世間實無可覓處。

◎非於虛空及海中，亦非入深山洞窟，
欲求不為死魔制，世間實無可覓處。

惡品第九竟　Papavaggo Navamo

註① 原文Māppamaññetha可作二義：一、Mā + appamaññati，意爲「莫輕視」；二、Ma + appa + Maññati則爲「莫想少」之意。

刀杖品①
DANDAVAGGO

◎一切懼刀杖，一切皆畏死，以自度（他情），莫殺教他殺。

◎一切懼刀杖，一切皆愛生，以自度（他情），莫殺教他殺。

◎於求樂有情，刀杖加惱害，但求自己樂，後世樂難得。

◎於求樂有情，不加刀杖害，欲求自己樂，後世樂可得。

◎對人莫說粗惡語，汝所說者還說汝。
憤怒之言實堪痛；互擊刀杖可傷汝。

◎汝若自默然，如一破銅鑼，已得涅槃路；於汝無諍故。

◎如牧人以杖，驅牛至牧場，如是老與死，驅逐眾生命。

◎愚夫造作諸惡業，卻不自知（有果報），
癡人以自業感苦，宛如以火而自燒。

◎若[2]以刀杖害，無惡無害者[3]，十事中一種，彼將迅速得。

◎極苦痛失財，身體被損害，或重病所逼，或失心狂亂。

◎或為王迫害，或被誣重罪，或眷屬離散，或破滅財產。

◎或彼之房屋，為劫火焚燒。癡者身亡後，復墮於地獄。

◎[5]非裸行結髮，非塗泥絕食，臥地自塵身，非以蹲踞（住）[6]，不斷疑惑者，能令得清淨。

◎嚴身住寂靜，調御而克制，必然[7]修梵行，不以刀杖等，加害諸有情，彼即婆羅門，彼即是沙門，彼即是比丘。

◎以慚自禁者，世間所罕有，彼善避羞辱，如良馬避鞭。

◎如良馬加鞭，當奮勉懺悔。以信戒精進，以及三摩地，善分別正法，以及明行足[8]，汝當念勿忘，消滅無窮苦。

◎灌溉者引水，箭匠之矯箭，木匠之繩木，善行者自御。

刀杖品第十竟 Dandavaggo Dasamo

註①「刀杖」（Daṇḍa）亦可譯爲「刑罰」。

註②以下四頌連貫。

註③依各種註釋：爲諸漏已盡的阿羅漢。

註④前面的「失財」是部分的；這裡是說全部破滅。

註⑤此頌是敘述種種的苦行。全頌之意是說作此等無益苦行，不會獲得清淨涅槃的。

註⑥這是一種特別的蹲踞法：兩腳前後參差地站著，其人把身體蹲下來，然後把後一隻腳跟微微的昇起，前一隻腳跟則依然著地，如是動作，直至其股憩息於小腿上，而腿部則離地大約六吋的光景；並將其肘放於膝上以平衡其自己。佛教徒或僧侶向諸大德敬禮或請法白詞的時候，也採取這種形式；不過不以此爲修行法。此即舊譯之「右膝著地」，或稱爲「胡跪」。

註⑦「必然」（Niyata），據註釋爲四果之道。

註⑧即知與行具足。

老品
JARAVAGGO

◎常在燃燒[1]中，何喜何可笑？幽暗[2]之所蔽，何不求光明[3]？

◎觀此粉飾身；瘡傷[4]一堆骨[5]，疾病多思惟[6]，絕非常存者。

◎此衰老形骸，病藪而易壞；朽聚必毀滅，有生終歸死。

◎猶如葫蘆瓜，散棄於秋季，骸骨如鴿色，觀此何可樂？

◎此城[7]骨所建，塗以血與肉，儲藏老與死，及慢並虛偽[8]。

◎盛飾王車亦必朽，此身老邁當亦爾。
唯善人[9]法不老朽，善人傳示於善人。

◎寡聞之（愚）人，生長如牡牛，唯增長筋肉，而不增智慧。

◎[10]經多生輪迴，尋求造屋者[11]，但未得見之，痛苦再再生。

◎已見造屋者[12]！不再造於屋[13]。椽桷[14]皆毀壞，棟梁[15]亦摧折。
我既證無為[16]，一切愛盡滅。

◎少壯不得財，並不修梵行，如池邊老鷺，無魚而萎滅。

◎少壯不得財，並不修梵行，臥如破折弓，悲歎於過去。

老品第十一竟 Jaravaggo Ekadasamo

註① 「燃燒」（Pajjalita）亦可譯爲火燄。註釋謂世界有十一種火常在燃燒。即：貪（rāga），瞋（dosa），癡（moha），病（vyādhi），老（jara），死（marana），愁（soka），悲（parideva），苦（dukkha），憂（domanasa），惱（upayasa）。

註② 喻無明或癡。

註③ 喻智慧。

註④ 身有九瘡——雙眼、雙耳、雙鼻孔、口及大小便。

註⑤ 謂此身由三百餘骨節聚成的。

註⑥ 思惟此身美麗微妙等。

註⑦ 喻形骸。

註⑧「虛僞」（makkho）古譯爲「覆」。

註⑨ 指佛，辟支佛及阿羅漢。

註⑩ 以下二頌爲釋迦牟尼佛在菩提樹下悟道的時候，心生歡喜，自說此頌。後來又在阿難尊者的發問中而答以此頌。

註⑪ 生死輪迴的原因。

註⑫ 喻情欲。

註⑬ 喻身體。

註⑭ 喻其他的一切煩惱欲。

註⑮ 喻無明。

註⑯ 即涅槃。

自己品
ATTAVAGGO

◎若人知自愛，須善自保護。三時中一時①，智者應醒覺。

◎第一將自己，安置於正道，然後教他人；賢者始無過。

◎若欲誨他者，應如己所行，（自）制乃制（他），克己實最難。

◎自為自依怙②。他人何可依？自己善調御，證難得所依③。

◎惡業實由自己作，從自己生而自起。
（惡業）摧壞於愚者，猶如金剛破寶石。

◎破戒如蔓蘿，纏覆娑羅樹④。彼自如此作，徒快敵者意。

◎不善事易作，然無益於己；善與利益事，實為極難行。

◎惡慧愚癡人，以其邪見故，侮蔑羅漢教，依正法行者，以及尊者教，而自取毀滅，如格他格草，結果自滅亡⑤。

◎惡實由己作，染污亦由己；由己不作惡，清淨亦由己。淨不淨依己，他何能淨他？

◎莫以利他事，忽於己利益⑥。善知己利者，常專心利益。

自己品第十二章　Attavaggo Dvadasamo

註①　通常說三時爲初夜分、中夜分及後夜分。這裡是指人生的三時——青年、中年、老年。我人在青年時代應該努力學習，中年時代則須教學弘法修禪定等；如果前二時中未能適時工作，則在老年時代必須覺悟，加緊修學。否則虛度人生，自受苦痛了。

註②　佛教是主張一個人必須依賴自己的力量而獲得解脫的。佛教徒的皈依佛、皈依法及皈依僧，並非說光是做做祈禱，便可依靠三寶而得解脫；其實是說三寶是我人的教師，是我們思想行爲的指導者，依照其指導去實行可得解脫。所以要眞的達到自己解脫境界，則完全需要依賴自己作正當的努力。

註③　指阿羅漢的果位。

註④「蔓蘿梵」（Māluva）是籐屬。裟羅樹若爲此所纏，便會枯死。

註⑤「格他格」（Kaṭṭhaka）是蘆葦之屬，名爲「格他格竹」（Velu-sankhata-kattha），結實則死。

註⑥指生死解脫事。

世品
LOKAVAGGO

◎莫從卑劣法。莫住於放逸。莫隨於邪見。莫增長世俗①。

◎②奮起莫放逸！行正法善行。依正法行者，此世他世樂。

◎行正法善行。勿行於惡行。依正法行者，此世他世樂。

◎視如水上浮漚，視如海市蜃樓，若人觀世如是，死王不得見他。

◎來看這個世界，猶如莊嚴王車。愚人沈湎此中，智者毫無執著。

◎若人先放逸，但後不放逸。彼照耀此世，如月出雲翳。

◎若作惡業已，覆之以善者。彼照耀此世，如月出雲翳。

◎此世界盲瞑③。能得此者少。如鳥脫羅網，鮮有昇天者。

◎天鵝飛行太陽道④，以神通力可行空。智者破魔王魔眷，得能脫離於世間。

◎違犯一（乘）法⑤，及說妄語者，不信來世者，則無惡不作。

◎慳者不生天。愚者不讚布施。智者隨喜施，後必得安樂。

◎一統大地者，得生天上者，一切世界主，不及預流⑥勝。

世品第十三章 Lokavaggo Terasamo

註① 錫蘭註釋家說是輪迴。

註② 佛陀自從出家而成正覺之後，第一次回到他父親的王城——迦毘羅（Kapila）的時候，第二天照常挨門次第托缽。他的父親淨飯（Suddhodana）王聽到了這個消息，立刻跑到佛的面前對他說：「兒啊！你爲什麼侮辱我？你以前在這城內是坐金轎，現在卻一家一家的步行托缽，這實在使我無限的羞恥！」佛陀便對他說，此乃一切諸佛的傳統習慣，並對他說此二頌。若依註解的意思，則此二頌將成這樣；一六八——莫懶於沿門托缽。謹嚴行此（托缽）行。誰行於此行，此世他世均快樂。一六九——謹嚴行此行。莫行於放逸。誰行於此行，此世他世均快樂。

註③ 世界的人沒有智慧。

註④ 太陽所走的路便是虛空。

註⑤ 「一法」（Ekam Dhammam）註爲「眞諦」（Saccam）。

註⑥ 「預流果」（Sotapattiphalam）是證涅槃的第一階段。

佛陀品
BUDDHAVAGGO

◎[1]彼之勝利[2]無能勝，敗者於世無可從[3]，

佛（智）無邊無行跡[4]，汝復以何而誑惑？

◎彼已不具於結縛，愛欲難以誘使去，

佛（智）無邊無行跡，汝復以何而誑惑？

◎智者修禪定，喜出家[5]寂靜，正念正覺者，天人所敬愛。

◎得生人道難，生得壽終難，得聞正法難，遇佛出世難。

◎一切惡莫作，一切善應行，自調淨其意，是則諸佛教。

◎諸佛說涅槃最上，忍辱為最高苦行。害他實非出家者，惱他不名為沙門。

◎不誹與不害，嚴持於戒律[6]，飲食知節量，遠處而獨居，勤修增上定[7]，是為諸佛教。

◎[8]即使雨金錢，欲心不滿足。智者知淫欲，樂少而苦多！

◎故彼於天欲，亦不起希求。正覺者弟子，希滅於愛欲。

◎[9]諸人恐怖故，去皈依山岳，或依於森林，園苑樹支提[10]。

◎此非安穩依，此非最上依，如是皈依者，不離一切苦。

◎若人皈依佛，皈依法及僧，由於正智慧，得見四聖諦。

◎苦與苦之因，以及苦之滅[11]，並八支聖道，能令苦寂滅[12]。

◎此[13]皈依安穩，此皈依無上，如是皈依者，解脫一切苦。

◎聖人[14]極難得，彼非隨處生；智者所生處，家族咸蒙慶。

◎諸佛出現樂，演說正法樂，僧伽和合樂，修士和合樂。

◎[15]供養供應者——脫離於虛妄，超越諸憂患，佛及佛弟子。

◎若供養如是——寂靜無畏者，其所得功德，無能測量者。

佛陀品第十四竟 Buddhavaggo Cuddasamo

註① 此二頌是佛陀對魔女說的。

註② 征服情欲。

註③ 全句的意思是：「被他所征服的情欲，在此世間中，不可能再隨從他了。」

註④ 已無愛欲。

註⑤ 意指涅槃。

註⑥ 原文 Pātimokkha 爲「別解脫律儀戒」，有二百二十七條主要的律文，爲一切比丘所遵守的。

註⑦ 指八定（Aṭṭhasamapatti）——四禪定及四空定。

註⑧ 下二頌連貫。

註⑨ 以下五頌相連。

註⑩ 「樹支提」（Rukkha-cetya）爲「樹廟」，乃印度之樹神，以樹爲崇拜的對象，猶如塔廟。

註⑪ 「苦之因」即集諦。「苦之滅」即滅諦。

註⑫ 「八支聖道」（Ariyam atthangikam maggam）即：正見（Sammaditthi），正思惟（Sammasankappa），正語（Sammavaca），正業（Sammakamanta），正命（生活）（Sammaajiva），正精進（Sammavayama），正念（Sammasati），正定（Sammasamadhi）。此二句即指苦滅之道——簡稱道諦。

註⑬　即三寶，即四聖諦。
註⑭　指佛陀。
註⑮　下二頌連貫。

樂品①
SUKHAVAGGO

◎我等②實樂生，憎怨中無憎。於憎怨人中，我等無憎住。

◎我等實樂生，疾病中無病③。於疾病人中，我等無病住。

◎我等實樂生，貪欲中無欲。於貪欲人中，我等無欲住。

◎我等實樂生，我等無物障④，我等樂為食，如光音天人⑤。

◎勝利生憎怨，敗者住苦惱。勝敗兩俱捨，和靜住安樂。

◎無火如貪欲，無惡如瞋恨，無苦如（五）蘊，無樂勝寂靜⑥。

◎飢為最大病，行⑦為最大苦；如實知此已，涅槃樂最上。

◎無病最上利，知足最上財，信賴最上親，涅槃最上樂。

◎已飲獨居味，以及寂靜味，喜飲於法味，離怖畏去惡。

◎善哉見聖者，與彼同住樂。由不見愚人，彼即常歡樂。

◎與愚者同行，長時處憂悲。與愚同住苦，如與敵同居。
與智者同住，樂如會親族。

◎是故真實：⑧

賢者智者多聞者，持戒虔誠與聖者，
從斯善人賢慧遊，猶如月從於星道。

樂品第十五竟 Sukhavaggo Pannarasamo

註①　日譯本爲「安樂品」。

註②　「我等」是佛陀自稱。

註③　「疾病」意爲種種煩惱的苦痛。

註④　沒有貪瞋癡等煩惱障。

註⑤　佛陀寄居於一個叫做五裟羅（Pancasala）的婆羅門村的時候，有一天往村內去乞食，但沒有得到什麼飲食。一個魔王站在村門口，看見佛陀空缽而回，便嘲笑他說：「你沒有得到飲食，必須再到村內去乞食以解決你的飢餓問題。」於是佛陀答以此頌。

註⑥ 指涅槃。

註⑦ 原文 Sankhara 直譯為「行」——即有為諸行。但巴利原註作 Khandha——蘊。

註⑧ 這句是用以承前起後的，不是頌文。

喜愛品
PIYAVAGGO

◎專事不當事，不事於應修，棄善趨愛欲，卻羨自勉者①。

◎莫結交愛人，莫結不愛人。不見愛人苦，見憎人亦苦。

◎是故莫愛著，愛別離為苦。若無愛與憎，彼即無羈縛。

◎從喜愛生憂，從喜愛生怖；離喜愛無憂，何處有恐怖？

◎從親愛生憂，從親愛生怖；離親愛無憂，何處有恐怖？

◎從貪欲生憂，從貪欲生怖；離貪欲無憂，何處有恐怖？

◎從欲樂生憂，從欲樂生怖；離欲樂無憂，何處有恐怖？

◎從愛欲生憂，從愛欲生怖；離愛欲無憂，何處有恐怖？

◎具戒及正見，住法[2]知真諦[3]，圓滿自所行[4]，彼為世人愛。

◎渴求離言法[5]，充滿思慮心，諸慾心不著，是名上流人[6]。

◎久客異鄉者，自遠處安歸，親友與知識，歡喜而迎彼。

◎造福亦如是，從此生彼界，福業如親友，以迎愛者來。

喜愛品第十六竟 Piyavaggo Solasamo

註① 比丘爲欲樂所迷，放棄行道，過著俗人生活，後見修道成就者，卻空自羨慕。

註② 指四果向、四果及涅槃九種殊勝法。

註③ 指四聖諦。

註④ 指戒定慧。

註⑤ 涅槃。

註⑥ 「上流人」（Uddhamsota）指近於涅槃的不還果（Anaggmi）。

忿怒品
KODHAVAGGO

◎捨棄於忿怒，除滅於我慢，解脫一切縛，不執著名色①，彼無一物者，苦不能相隨。

◎若能抑忿發，如止急行車，是名（善）御者，餘為執轠人②。

◎以不忿勝忿。以善勝不善。以施勝慳吝。以實勝虛妄。

◎諦語不瞋恚，分施③與乞者；以如是三事，能生於諸天。

◎彼無害牟尼，常調伏其身，到達不死境——無有悲憂處。

◎恆常醒覺者，日夜勤修學，志向於涅槃，息滅諸煩惱。

◎阿多羅④應知：此非今日事，古語已有之。默然為人誹，多語為人誹，寡言為人誹；不為誹謗者，斯世實無有。

◎全被人誹者，或全被讚者，非曾有當有⑤，現在亦無有。

◎若人朝朝自反省，行無瑕疵並賢明，智慧戒行兼具者，彼為智人所稱讚。

◎品如閻浮金⑥，誰得誹辱之？彼為婆羅門，諸天所稱讚。

◎攝護身忿怒⑦，調伏於身行。捨離身惡行，以身修善行。

◎攝護語忿怒，調伏於語行。捨離語惡行，以語修善行。

◎攝護意忿怒，調伏於意行。捨離意惡行，以意修善行。

◎智者身調伏，亦復語調伏，於意亦調伏，實一切調伏。

忿怒品第十七竟 Kodhavaggo Sattarasamo

註① 「名色」（Nāmarūpa）即精神與物質，亦可說心身。

註② 若能主急止忿，乃是善於調御者，餘則如徒能執韁而不能控制於馬者。

註③ 原文尚有一「少」（appasmim）字。即自己所有物，雖然是少許的，都得分施與乞者。

註④ 「阿多羅」（Atula）是一個在家佛教徒的名字。

註⑤ 過去與未來無有。

註⑥「閻浮金」（Jambunada）是一種品質最佳的金的特別名詞，意爲來自閻浮（Jambu）河的金。

註⑦ 由身而起的忿怒。

垢穢品
MALAVAGGO

◎汝今已似枯樵葉，閻魔使者近身邊。
汝已佇立死門前，旅途汝亦無資糧。

◎汝宜自造安全洲。迅速精勤為智者。
拂除塵垢無煩惱，得達諸天之聖境①。

◎汝今壽命行已終。汝已移步近閻魔。
道中既無停息處，旅途汝亦無資糧。

◎汝宜自造安全洲。迅速精勤為智者。
拂除塵垢無煩惱，不復重來生與老。

◎剎那剎那間，智者分分除，漸拂自垢穢，如冶工鍛金。

◎如鐵自生鏽，生已自腐蝕，犯罪者亦爾，自業導惡趣。

◎不誦經典穢，不勤為家穢。懶惰為色穢[2]，放逸護衛穢。

◎邪行婦人穢，吝嗇施者穢。此界及他界，惡法實為穢。

◎此等諸垢中，無明垢為最，汝當除此垢，成無垢比丘！

◎生活無慚愧，鹵莽如烏鴉，詆毀（於他人），大膽自誇張，
傲慢邪惡者，其人生活易。

◎生活於慚愧，常求於清淨，不著欲謙遜，住清淨生活，（富於）識見者，其人生活難。

◎[2]若人於世界，殺生說妄語，取人所不與，犯於別人妻。

◎及耽湎飲酒，行為如是者，即於此世界，毀掘自（善）根。

◎如是汝應知：不制則為惡；莫貪與非法，自陷於永苦。

◎[4]若信樂故施。心嫉他得食，彼於晝或夜，不得入三昧。

◎若斬斷此（心），拔根及除滅，則於晝或夜，彼得入三昧。

◎無火等於貪欲，無執著如瞋恚，無網等於愚癡，無河流如愛欲。

◎易見他人過，自見則為難。揚惡如颺糠，已過則覆匿，如彼狡博者，隱匿其格利。

◎若見他人過，心常易忿者，增長於煩惱；去斷惑遠矣。

◎虛空無道跡，外道無沙門⑥。眾生喜虛妄⑦，如來無虛妄。

◎虛空無道跡，外道無沙門。（五）蘊無常住，諸佛無動亂。

垢穢品第十八竟 Malavaggo Attharasamo

註①「諸天之聖境」指五淨居天（Panca suddhavasa bhumi）——無煩（A-viha），無熱（Atappa），善現（Sudassa），善見（Sudassi），色究竟（Akanittha）——爲阿那含果聖者所生之處。

註②懶於整理爲身體住處之穢。

註③下二頌連貫。

註④下二頌連貫。

註⑤「格利」（Kali）是一種不利的骰子。

註⑥「沙門」（Samano）這裡是指覺悟四果道者。

註⑦原文Papanca有虛妄、障礙等意，這裡特別指愛（Tanha），見（Ditthi），慢（Mano）而言。

法住品①
DHAMMATTHAVAGGO

◎鹵莽[2]處事故，不為法住者。智者應辨別——執正與執邪。

◎導人不鹵莽，如法而公平，智者護於法，是名法住者。

◎不以多言故，彼即為智者。安靜無怨怖，是名為智者。

◎不以多言故，彼為持法者。彼雖聞少分，但由身見法[3]，
於法不放逸，是名持法者。

◎不因彼白頭，即得為長老[4]。彼年齡虛熟，徒有長老名。

◎於彼具真實[5]，具法[6]不殺生，節制[7]並調伏[8]，彼有智慧人，

除滅諸垢穢，實名為長老。

◎⑨嫉慳虛偽者，雖以其辯才，或由相端嚴，不為善良人。

◎若斬斷此（心），拔根及除滅，彼捨瞋智者，名為善良人。

◎若破戒妄語，削髮非沙門。充滿欲與貪，云何為沙門？

◎彼息滅諸惡——無論大與小，因息滅諸惡，故名為沙門。

◎僅向他行乞，不即是比丘。行宗教法儀，亦不為比丘。

◎僅捨善與惡，修於梵行者，以知[10]住此世，彼實名比丘。

◎[11]愚昧無知者，不以默然故，而名為牟尼。智者如權衡。

◎捨惡取其善，乃得為牟尼。彼知於兩界[12]，故稱為牟尼。

◎彼人非聖賢，以其殺生故。不害諸眾生，是名為聖者。

◎[13]不以戒律行[14]，或由於多聞[15]，或由證三昧，或由於獨居[16]。

◎謂「受出家樂，非凡夫所能」。汝等漏未盡，莫生保信想[17]！

法住品第十九竟 Dharmatthavaggo Ekunavisatimo

註① 「法住」（Dharmaṭṭha）乃依法而行，安住於奉之意。亦可譯爲「奉法」。

註② 「鹵莽」（Sahasā）含有急躁、草率、獨斷之意。這裡是說受貪瞋癡及怖畏所影響的不正確觀念。

註③ 「由身」（Kāyena）原註釋爲「由名身」（Nāmakāyena）。巴利文中分五蘊爲二類：一、名身（Nāmakāya），即名蘊——僅指受想行識四蘊而言；二、色身（Rūpakāya），僅指色蘊而言。故「身見法」即心見法——內自證於法不由他悟——之意。

註④ 「長老」（Thera）本爲受比丘戒十年以上的尊稱。但實重於久修實證，否則徒有長老的空名而已。

註⑤ 指四諦。

註⑥ 指四果、四向及涅槃。

註⑦ 指一切戒律。

註⑧ 特別調伏眼耳鼻舌身五根說的。

註⑨ 下二頌連貫。

註⑩ 知戒知定知慧。

註⑪ 下二頌連貫。

註⑫ 內界和外界。

註⑬ 下二頌連貫。

註⑭「戒律」指別解脫律儀戒，根律儀戒，活命遍淨戒及資具依止戒。「行」指十二支頭陀（Dhutaṅga）行。

註⑮ 多學三藏（Tipitaka）。

註⑯ 原文vivicca-sayanena直譯「以獨臥」。

註⑰ vissasam apadi是結合的句子，即等於vissasam ma apadi，直譯爲「莫生信賴」。各英譯本多作「莫生滿足想」。

道品
MAGGAVAGGO

◎八支道中勝，四句[1]諦中勝，離欲[2]法中勝，具眼[3]兩足勝。

◎實唯此一道。無餘知見淨。汝等順此行。魔為之惑亂。

◎汝順此（道）行，使汝苦滅盡。知我所說道，得除去荊棘[4]。

◎[5]汝當自努力！如來唯說者[6]。隨禪定行者，解脫魔繫縛。

◎「一切行[7]無常」，以慧觀照時，得厭離於苦。此乃清淨道。

◎「一切行是苦」，以慧觀照時，得厭離於苦。此乃清淨道。

◎「一切法無我」，以慧觀照時，得厭離於苦。此乃清淨道。

◎當努力時不努力，年雖少壯陷怠惰，
意志消沈又懶弱，怠者不以智得道。

◎慎語而制意，不以身作惡。淨此三業道，得聖所示道。

◎應伐欲稠林，勿伐於樹木。從欲林生怖，當脫欲稠林。

◎由瑜伽[8]生智，無瑜伽慧滅。了知此二道，及其得與失，
當自努力行，增長於智慧。

◎男女欲絲絲，未斷心猶繫；如飲乳犢子，不離於母牛。

◎自己斷除愛情，如以手折秋蓮。
勤修寂靜之道。善逝⑨所說涅槃。

◎「雨季我住此，冬夏亦住此」，此為愚夫想，而不覺危險⑩。

◎溺愛子與畜，其人心惑著，死神捉將去，如瀑流睡村。

◎父子與親戚，莫能為救護。彼為死所制，非親族能救。

◎了知此義已⑪，智者持戒律，通達涅槃路——迅速令清淨。

道品第二十章 Maggavaggo Visatimo

註① 「四句」——苦（dukkha），苦集（dukkhasamudaya），苦滅（dukkhanirodha）苦滅道（dukkhanirodha gamini Patipaka）。古譯簡稱「苦集滅道」。

註② 指涅槃。

註③ 指佛陀。佛具五眼——肉眼（mamsa-cakkhu），天眼（dibbacakkhu），慧眼（Pañña-cakkhu），佛眼（fbuddha-cakkhu），一切智眼（samanta-cakkhu）。

註④ 喻貪瞋癡等。

註⑤ 錫蘭和尚有時開會議論重大事情，常以此頌爲呼喊的口號。

註⑥ 如來僅爲說示其道路而已。

註⑦ 一切存在的東西。

註⑧「瑜伽」（yoga）即定。

註⑨「善逝」（Sugato）即佛陀。

註⑩ 不知何處何時及怎樣死的危險。

註⑪ 指前頌的意義。

雜品
PAKINNAKAVAGGO

◎若棄於小樂，得見於大樂。智者棄小樂，當見於大樂。

◎施與他人苦，為求自己樂；彼為瞋繫縛，怨憎不解脫。

◎應作而不作，不應作而作，傲慢放逸者，彼之漏增長。

◎常精勤觀身，不作不應作，應作則常作，觀者漏滅盡。

◎[1]殺（愛欲）母與（慢）父，殺剎帝利族二王[2]，（破）王國[3]殺其從臣[4]，趨向無憂婆羅門[5]。

◎殺（愛欲）母與（慢）父，殺婆羅門族二王[2]，殺其虎（將）第五（疑）⑥，趨向無憂婆羅門。

◎喬達摩⑦弟子，常善自醒覺，無論晝與夜，彼常念佛陀。

◎喬達摩弟子，常善自醒覺，無論晝與夜，彼常念達摩。

◎喬達摩弟子，常善自醒覺，無論晝與夜，彼常念僧伽。

◎喬達摩弟子，常善自醒覺，無論晝與夜，彼常念於身⑧。

◎喬達摩弟子，常善自醒覺，無論晝與夜，常樂不殺生。

◎喬達摩弟子，常善自醒覺，無論晝與夜，心常樂禪定。

◎出家愛樂難。在家生活難。非儔共住苦。
（輪迴）往來苦。故不應往來，隨從於痛苦。

◎正信而具戒，得譽及財⑨者，彼至於何處，處處受尊敬。

◎善名揚遠方，高顯如雲山⑩。惡者如夜射，雖近不能見。

◎獨坐與獨臥，獨行而不倦，彼獨自調御，喜樂於林中。

雜品第二十一竟 Pakinnakavaggo Ekavisatimo

註① 此二頌都是從譬喻而顯義的。

註② 常見（sassata-ditthi）與斷見（Uccheda-ditthi）。

註③ 指十二處（dvadasayatana）——眼，耳，鼻，舌，身，意，色，聲，香，味，觸，法。

註④ 指歡喜欲（nandirago）。

註⑤ 指漏盡者——阿羅漢。

註⑥ 「虎第五」（veyyagghapañcamam）即等於「疑第五」（vicikicchapancama）。因爲在五蓋（Pancanivarana）的次第中，疑蓋（vicikicchanivarana）是屬於第五的。五蓋爲：貪欲（kamacchanba），瞋恚（vyapada），惛沈睡眠（thina-middha），掉舉惡作（uddhacca-kukkucca），疑（vicikiccha）。

註⑦「喬達摩」（Cotama）即佛陀。

註⑧即觀髮毛爪齒等三十二分身。

註⑨「財」指信、戒、慚、愧、聞、捨、慧等七財。

註⑩「雪山」（Himavanto）即喜馬拉雅山。

地獄品
NIRAYAVAGGO

◎說妄語者墮地獄，或已作言「我無作」。此二惡業者死後，他世同受（地獄）苦。

◎多袈裟纏頸，惡行不節制，惡人以惡業，終墮於地獄。

◎若破戒無制，受人信施食，不如吞鐵丸——熱從火焰出。

◎放逸[1]淫人妻，必遭於四事：獲罪睡不安，誹三地獄四。

◎非福並惡趣，恐怖樂甚少，國王加重罪，故莫淫他婦。

◎不善執孤沙[2]，則傷害其手；沙門作邪行，則趣向地獄。

◎諸有懈惰行，及染污戒行，懷疑修梵行，彼不得大果。

◎應作所當作，作之須盡力！放蕩遊行僧，增長於欲塵。

◎不作惡業勝，作惡後受苦。作諸善業勝，作善不受苦。

◎不應羞而羞，應羞而不羞，懷此邪見者，眾生趨惡趣。

◎譬如邊區城，內外均防護，自護當亦爾。剎那莫放逸。
剎那疏忽者，入地獄受苦。

◎不應怖見怖，應怖不見怖，懷此邪見者，眾生趨惡趣。

◎非過思為過，是過見無過，懷此邪見者，眾生趣惡趣。

◎過失知過失，無過知無過，懷此正見者，眾生趣善趣。

地獄品第二十二竟 Nirayavaggo Bavisatimo

註① 下二頌連貫。

註② 「孤沙」（Kuso），香草的名字。

象品
NĀGAVAGGO

◎如象在戰陣，（堪忍）弓箭射，我忍謗（亦爾）。世多破戒者。

◎調御（象）可赴集會，調御（象）可為王乘。若能堪忍於謗言，人中最勝調御者。

◎調御之騾為優良，信度駿馬①為優良，矯羅②大象亦優良，自調御者更優良。

◎實非彼等車乘，得達難到境地③，若人善自調御，由於調御得達。

◎如象名財護④，泌液暴難制⑤，繫縛不少食，惟念於象林⑥。

◎樂睡又貪食，轉側唯長眠，如豬食無厭，愚者數入胎⑦。

◎我此過去心——任意隨所欲，隨愛好遊行。
我今悉調伏，如象師持鉤，（制御）泌液象。

◎當樂不放逸，善護於自心。自救出難處，如象（出）泥坑。

◎若得同行伴——善行富智慮，能服諸艱困，欣然共彼行。

◎若無同行伴——善行富智慮，應如王棄國，如象獨行林。

◎寧一人獨行，不與愚為友。獨行離欲惡，如象獨遊林。

◎應時得友樂，適時滿足樂，命終善業樂，離一切苦樂。

◎世中敬母樂，敬父親亦樂。世敬沙門樂，敬聖人亦樂。

◎至老持戒樂，正信成就樂，獲得智慧樂，不作諸惡樂。

象品第二十三 Nagavaggo Tevisatimo

註①「信度（Sindhu）駿馬」，即印度河地方所產的駿馬。

註②「矯羅」（Kuñjara）象名。

註③指涅槃。

註④「財護」（Dhanapāla）。

註⑤象在發慾之期，從牠的顳顬分泌出一種臭液。這時牠的性情最難調制。

註⑥故事說明此象如何思念牠的象母。意思是說我人應該孝順父母。

註⑦指生死輪迴。

愛欲品
TANHAVAGGO

◎若住於放逸，愛增如蔓蘿。（此）生又（彼）生，如猿求林果。

◎若於此世界，為惡欲纏縛，憂苦日增長，如毘羅[1]得雨。

◎若於此世界，降難降愛欲，憂苦自除落，如水滴蓮葉。

◎我說此善事：汝等集於此，掘愛欲之根，如求毘羅那，掘去其甜根。勿再為魔王，屢屢害汝等，如洪水（侵）葦。

◎不傷深固根，雖伐樹還生。愛欲不斷根，苦生亦復爾。

◎彼具三十六（愛）流[2]，勢強奔流向欲境，是則彼具邪見人，為欲思惟漂蕩去。

◎（欲）流處處流，蔓蘿盛發芽③。汝見蔓蘿生，以慧斷其根。

◎世喜悅（欲）滋潤，亦喜馳逐六塵。
彼雖向樂求樂，但唯得於生滅。

◎隨逐愛欲人，馳迴如網兔。纏縛於（煩惱），再再長受苦。

◎隨逐愛欲人，馳迴如網兔。比丘求無欲④，故須自離欲。

◎捨欲喜林間⑤，離欲復向欲⑥，當觀於此人；解縛復向縛。

◎鐵木麻作者，智說非堅縛。迷戀妻子財，（是實）為堅（縛）。

◎能引墮落者，智說為堅縛。彼雖似寬緩，
而實難解脫。斷此無著者，捨欲而出家。

◎彼耽於欲隨（欲）流，投自結網如蜘蛛。
斷此（縛）而無著者，離一切苦而遨遊[7]。

◎[8]捨過現未來[9]，而渡於彼岸。心解脫一切，不再受生老。

◎惡想所亂者，求樂欲熾然，彼欲倍增長，自作堅牢縛。

◎喜離惡想者，常念於不淨。當除於愛欲，不為魔羅縛。

◎達究竟處[10]無畏，離愛欲無垢穢，
斷除生有之箭，此為彼最後身[11]。

◎離欲無染者，通達詞無礙，善知義與法[12]，
及字聚次第，彼為最後身，大智大丈夫。

◎我降伏一切，我了知一切。一切法無染，離棄於一切，
滅欲得解脫，自證誰稱師[13]？

◎諸施法施勝；諸味法味勝；諸喜法喜勝；除愛勝諸苦。

◎財富毀滅愚人，決非求彼岸者。
愚人為財欲害，自害如（害）他人。

◎雜草害田地，貪欲害世人。施與離貪者，故得大果報。

◎雜草害田地，瞋恚害世人。施與離瞋者，故得大果報。

◎雜草害田地，愚癡害世人。施與離癡者，故得大果報。

◎雜草害田地，欲望害世人。施與離欲者，故得大果報。

愛欲品第二十四竟 Tanhavaggo Catuvisatimo

註① 「毘羅那」（Birana）草名。

註② 愛欲有三重：一、欲愛（Kamatanha），二、有愛（Bhavatanha——與常見有關之愛），三、非有愛（Vibhavatanha——與斷見有關之愛）。如是内六根——眼耳鼻舌身意之愛及外六塵——色聲香味觸法之愛合爲十二；欲愛十二，有愛十二，非有愛十二，合爲三十六。

註③ 從六根門生。

註④ 涅槃。

註⑤ 離俗家而出家。

註⑥ 出家復還俗。

註⑦ 證涅槃。

註⑧ 此頌保留法舫法師原譯。

註⑨ 指貪著過去、未來及現在的五蘊。

註⑩ 指阿羅漢。

註⑪ 此後再沒有生死輪迴了。

註⑫ 此二句的原文爲Niruttipadakovido直譯爲「通達詞與句」。即指四無礙解（Catupaisambhida）——義（Attha），法（Dhamma），詞（Nirutti），辯說（Patibhana）（知字聚次第一句當指辯說無礙）。

註⑬ 這是佛陀成道之後，從菩提場去鹿野苑的時候，在路上碰到一位異教的修道者——優波迦（Upaka），問佛陀道：「你從誰而出家？誰是你的師父？你信什麼宗教？」於是佛陀答以此頌。

比丘品
BHIKKHUVAGGO

◎善哉制於眼。善哉制於耳。善哉制於鼻。善哉制於舌。

◎善哉制於身。善哉制於語。善哉制於意。

善哉制一切，制一切比丘，解脫一切苦。

◎調御手足及言語，調御最高（之頭首），

心喜於禪住於定，獨居知足名比丘。

◎比丘調於語，善巧而寂靜，顯示法與義，所說甚和婉。

◎住法之樂園，喜法與隨法，思惟憶念法，比丘不復退。

◎莫輕自所得；莫羨他所得。比丘羨他（得），不證三摩地。

◎比丘所得雖少，而不輕嫌所得，生活清淨不怠，實為諸天稱讚。

◎若於名與色，不著我我所，非有故無憂，彼實稱比丘。

◎住於慈悲比丘，喜悅佛陀教法，到達寂靜安樂，諸行解脫境界。

◎比丘汲此舟（水）①，（水）去則舟輕快。
斷除貪欲瞋恚，則得證於涅槃。

◎五斷②及五棄③，而五種勤修④。

越五著⑤比丘——名渡瀑流⑥者。

◎修定莫放逸，心莫惑於欲！莫待吞鐵丸，燒然乃苦號！

◎無慧者無定，無定者無慧。兼具定與慧，彼實近涅槃。

◎比丘入屏處⑦，彼之心寂靜，審觀於正法，得受超人樂。

◎若人常正念：諸蘊之生滅，獲得喜與樂。知彼得不死。

◎若智慧比丘，於世先作是：攝根及知足，護持別解脫。

◎態度須誠懇，行為須端正；是故彼多樂，得滅盡諸苦。

◎如跋悉迦[8]花，枯萎而凋謝，汝等諸比丘，棄貪瞋亦爾。

◎身靜及語靜，心寂住三昧，捨俗樂比丘，是名寂靜者。

◎汝當自警策，汝應自反省！自護與正念，比丘住安樂。

◎自為自保護。自為自依怙。汝應自調御，如商調良馬。

◎比丘具歡喜心，誠信佛陀教法，到達寂靜安樂，諸行解脫境界。

◎比丘雖年少，勤行佛陀教，彼輝耀此世，如月出雲翳。

比丘品第二十五竟 Bhikkhuvaggo Pancavisatimo

註① 「舟」喻身體；「水」喻身中的念頭。

註② 「五種斷」指斷除五下分結（Panca orambhagiyasamyojanani）。即欲界貪（Kamarago），瞋（Vyapado），身見（Sakkayaditthi），戒禁取（Silabhataparamaso），疑（Vicikiccha）。

註③ 「五種棄」指棄捨五上分結（Panca uddhambhagiyasamyojanani）。即色界貪（Ruparaga），無色界貪（Aruparaga），掉舉，（Uddhacca），慢（mana），無明（Avijja）。

註④ 「五種修」指勤修五根——信、進、念、定、慧。

註⑤ 「五著」指貪，瞋，癡，慢，見。

註⑥「瀑流」（Ogho）有四——欲瀑流，有瀑流，見瀑流，無明瀑流。

註⑦「屏處」（Sunna-agara）即空閒處或靜處。

註⑧跋悉迦（Vassika）是名花，據說此花之香勝於諸花。

婆羅門品[1]
BRAHMANAVAGGO

◎勇敢斷除於（欲）流，汝當棄欲婆羅門！
若知於諸蘊[2]滅盡，汝便知無作（涅槃）。

◎若常住於二法[3]，婆羅門達彼岸；
所有一切繫縛，從彼智者而滅。

◎無彼岸此岸[4]，兩岸悉皆無，離苦[5]無繫縛，是謂婆羅門。

◎彼人入禪定，安住離塵垢，所作皆已辦，
無諸煩惱漏，證最高境界，是謂婆羅門。

◎日照晝兮月明夜，剎帝利武裝輝耀，

婆羅門禪定光明，佛陀光普照晝夜。

◎棄除惡業者，是名婆羅門。行為清淨者，則稱為沙門，自除垢穢者，是名出家人。

◎莫打婆羅門！婆羅門莫瞋，打彼者可恥，忿發恥更甚！

◎婆羅門此非小益——若自喜樂制其心。隨時斷除於害心，是唯得止於苦痛。

◎不以身語意，行作諸惡業，制此三處者，是謂婆羅門。

◎正等覺者所說法，不論從何而得聞，
於彼說者應敬禮，如婆羅門⑥敬聖火。

◎不因髻髮與種族，亦非生為婆羅門。
誰知真實⑦及達摩，彼為幸福⑧婆羅門。

◎愚者結髮髻，衣鹿皮⑨何益？內心具（欲）林，形儀徒嚴飾！

◎諸著糞掃衣⑩，消瘦露經脈，林中獨入定，是謂婆羅門。

◎所謂婆羅門，非從母胎生。如執諸煩惱，但名說「菩」者⑪。
若無一切執，是謂婆羅門。

◎斷除一切結，彼實無恐怖，無著離繫縛，是謂婆羅門。

◎[12]除皮帶與韁，及斷繩所屬，捨障礙覺者，是謂婆羅門。

◎能忍罵與打，而無有瞋恨，具忍刀強軍，是謂婆羅門。

◎有甚深智慧，善辨道非道，證無上境界，是謂婆羅門。

◎猶如水落於蓮葉，如置芥子於針鋒，
不染著於愛欲者——我稱彼為婆羅門。

◎若人於此世界中，覺悟消滅其自苦，

放棄重負得解脫——我稱彼為婆羅門。

◎無有瞋怒具德行，持戒不為諸（欲）潤，調御得達最後身——我稱彼為婆羅門。

◎不與俗人混，不與僧相雜，無家無欲者，是謂婆羅門。

◎一切強弱有情中，彼人盡棄於刀杖，不自殺不教他殺——我稱彼為婆羅門。

◎於仇敵中友誼者，執杖人中溫和者，執著人中無著者——我稱彼為婆羅門。

◎貪欲瞋恚並慢心，以及虛偽皆脫落，
猶如芥子落針鋒——我稱彼為婆羅門。

◎不言粗惡語，說益語實語，不觸怒於人，是謂婆羅門。

◎於此善或惡，修短與粗細，不與而不取，是謂婆羅門。

◎對此世他世，均無有欲望，無欲而解脫，是謂婆羅門。

◎無有貪欲者，了悟無疑惑，證得無生地，是謂婆羅門。

◎若於此世間，不著善與惡，無憂與清淨，是謂婆羅門。

◎如月淨無瑕，澄靜而清明，滅於再生欲，是謂婆羅門。

◎超越泥濘[13]崎嶇道，並踰愚癡輪迴海，得度彼岸住禪定，無欲而又無疑惑，無著證涅槃寂靜——我稱彼為婆羅門。

◎棄捨欲樂於此世，出家而成無家人，除滅欲樂生起者——我稱彼為婆羅門。

◎棄捨愛欲於此世，出家而成無家人，除滅愛欲生起者——我稱彼為婆羅門。

◎遠離人間縛，超越天上縛，除一切縛者，是謂婆羅門。

◎棄捨喜不喜，清涼無煩惱，勇者勝世間⑭，是謂婆羅門。

◎若遍知一切——有情死與生，無執善逝佛，是謂婆羅門。

◎諸天乾闥婆及人，俱不知彼之所趣，
煩惱漏盡阿羅漢——我稱彼為婆羅門。

◎前後與中間⑮，彼無有一物，不著一物者，是謂婆羅門。

◎牛王⑯最尊勇猛者，大仙無欲勝利者⑰，
浴己⑱（無垢）及覺者——我稱彼為婆羅門。

◎牟尼能知於前生，並見天界及惡趣，獲得除滅於再生，
業已完成無上智，一切圓滿成就者——我稱彼為婆羅門。

婆羅門品第二十六竟 Brahmanavaggo Chabbisatimo

註① 這裡所說的婆羅門（Brāhmana）是指斷惑證眞的人，和通常所講的婆羅門意義不同。讀本品頌文可知。

註② 生命的要素。

註③ 止與觀二法。

註④ 「彼岸」爲內六處（Ajjhattikāni cha āyatanani）——眼耳鼻舌身意。「此岸」爲外六處（Bāhirāni cha āyatanāni）——色聲香味觸法。不著我與我所，故說彼無內外六處。

註⑤ 原文 dara 亦可譯作「怖畏」。

註⑥ 這裡是指印度的婆羅門教徒。

註⑦ 指四諦。

註⑧ 「幸福」（Sukhī）錫蘭版本作 Suci，則應譯爲「清淨」。

註⑨ 在印度有些異教徒用鹿皮作坐具或作衣穿。

註⑩ 「糞掃衣」（Pamsūkula civara）是出家人把人家丟掉的碎布檢來，洗乾淨後，把它聯綴起來作袈裟穿的。

註⑪ 原文 Bhovādi 爲 bho + vādin，譯爲「說菩」。因爲印度的婆羅門教徒談話之時，稱呼對方爲「菩——Bho」（喂）！但這是他們一個特別尊稱的字。

註⑫ 本頌都是從馬的各種束縛的譬喻說的：「皮帶」喻瞋恚。「韁」喻愛欲。「繩」喻六十二邪見。「所屬」（馬勒等）喻潛伏的習性（Anusaya）（舊譯作「隨眠」，有七種——欲貪隨眠，有貪隨眠，瞋隨眠，慢隨眠，見隨眠，疑隨眠，無明隨眠）。「障礙」喻無明。

註⑬ 指貪欲等煩惱。

註⑭ 克服五蘊不使再生之意。

註⑮ 「前」是過去。「後」是未來。「中間」是現在。

註⑯ 原文Usabha譯爲牡牛或牛王，但這個稱呼含有特殊的意義，是指一個強而超群無畏的人。

註⑰ 克服煩惱魔、蘊魔和死魔，故名「勝利者」。

註⑱ 印度人迷信如他們於恆河洗浴，即可消除罪業。但這裡是說他的心中沒有垢穢之意。

法句終 Dharmapan Nitthitan

譯後記

「法句」（Dharmapada）是集錄關於佛教道德的格言，屬於巴利（Pali）三藏的經藏，是小部（Khuddaka-Nikaya）十五卷中的第二卷。這個小經在南方的上座部（Theravada）佛教國中，有其最崇高的地位；東西各國的文字亦有甚多譯本。現在我能先把它譯成中文和師友們見面，自己也覺得是在困苦中所得到的一點愉快。

一九四六年夏天，依據中錫交換學僧的五年條約，太虛大師選派光宗和我來錫蘭研究巴利佛學。當時住在布教師學院（Dharmaduta Vidyalaya）（該院僅二年即停辦），因語言不通，先事學習英文。伙食由錫蘭摩訶菩提會（Maha Bodhi Society）供給，但學費和教師方面仍須自己設法補救。所以有三年的時間，曾於每日下午去教華僑的子弟們讀中文，藉以收入一部分酬金來維持學費。後來聽懂了英語，學習巴利，又因教師大成問題，對於所學不能有如理想的進步。一九五〇年法舫法師來錫蘭後，我的生活稍得安定。但因巴利教師問題，於一九五一年五月間，自哥倫坡（Colombo）遷到古羅難格拉（Kurunegala）的摩利耶智護學院（Maliyadewa Vidyarakshaka Pirivens）去攻讀巴利。不料十月三日舫法師突然入滅，我的內心又未免受了很大的打擊。後來深蒙各方師友們的慈愛及護法們的保護，予以安慰支持，使我又得安心研究。這些困難環境及其變化，都是來錫之前未曾想到的。一九五二年初，身心既得安定，我便決心先譯「法句」。約三個月，在摩利耶智護學院內譯出二十四品；後因金剛智博士（Ven. Dr. P.Vajirarana Maha Thera）

恢復了布教師研究院（Dharmaduta Ashrama Vidyalaya），所以三月杪我又遷回可倫坡，住在該院研究，並繼續譯出後二品。

在翻譯期間，對於巴利原文方面，曾蒙 Ven. Pandit H. Upatissa Thera與 Ven. Pandit P. Pannananda Thera二位法師的很大幫助。譯完此經後，深蒙印順導師慈悲為之潤文及詳細的指示匡正，並承作序詳述中國法句的譯史，心中實覺無限的榮幸和感謝。校印之事，全仗續明法師費心。封面蒙竺摩法師題字增光。又承妙欽法師在菲律濱勸助印資。一一敬致謝意。

同時對於各方師友、護法及摩訶菩提會的關心援助，使我能在錫蘭安心繼續研究與翻譯，此功此德，都是他們的，自己只有十分的慚愧和誠意的感激而已！

一九五三年一月二十六日　了參記於錫蘭布教師研究院

國家圖書館出版品預行編目資料

南傳法句經／了參法師翻譯. -- 初版. -- 新北市：
華夏出版有限公司, 2023.05
面； 公分. --（圓明書房；07）
ISBN 978-626-7134-81-8（平裝）
1.CST：本緣部

221.86 111021612

圓明書房 007
南傳法句經

翻 譯 了參法師
印 刷 百通科技股份有限公司
電話：02-86926066 傳真：02-86926016
出 版 華夏出版有限公司
220 新北市板橋區縣民大道 3 段 93 巷 30 弄 25 號 1 樓
電話：02-32343788 傳真：02-22234544
E-mail： pftwsdom@ms7.hinet.net
總 經 銷 貿騰發賣股份有限公司
新北市 235 中和區立德街 136 號 6 樓
電話：02-82275988 傳真：02-82275989
網址：www.namode.com
版 次 2023 年 5 月初版一刷
特 價 新臺幣 280 元（缺頁或破損的書，請寄回更換）

ISBN-13：978-626-7134-81-8